초 등

한자와 漢字 생활 生活

1 단계

홍성식
장희금
임금래   엮음
김종욱

KB201505

학 문 사

 이 책을 출간하며……

漢字는 원래 중국에서 만들어졌습니다. 우리말에 대한 정립이 미흡하고, 사용할 수 있는 글이 없을 때 漢字를 빌어다가 사용했습니다. 오랜 세월 동안 漢字를 사용하면서 한자는 우리의 전통이 되었고, 언어가 되었으며, 문화로 정립되었습니다. 그러나 우리는 漢字·漢文을 남의 문자라고 생각하는 경향이 있습니다. 漢字는 중국에서 만들어졌기 때문에 한국인의 문자가 아니라는 것입니다. 그러나 자기 것으로 습득하면 우리의 것이 됩니다.

이와 같은 점에 바탕을 두고 漢字를 보다 쉽게 익힐 수 있는 방법이 없을까 궁리하면서 만든 책이 초등학교 「漢字와 生活」입니다. 현재 시중에는 출판사의 취향에 따라서 만든 교재도 있고, 학생들의 능력 정도는 물론 사회의 요구 수준을 겸허하게 수용한 교재도 있습니다. 그런가 하면 상업성에 연연한 책도 있습니다. 이 책은 이와 같은 여러 가지 장점은 취하고, 단점은 보완하면서 漢字 교육에 대한 새로운 전기를 마련하기 위해 만들었습니다. 곧 漢字를 알지 못하는 학생들의 능력 정도와 지도하는 교사와 학부모의 요구 수준 등 사회의 요청 수준을 겸허하게 수용했습니다.

이 책은 漢字와 漢字語를 모아서 모두 4부로 나누었습니다. 매단원에서는 자원을 통해서 기본한자를 충실하게 학습할 수 있도록 하면서 국한혼용문을 그림과 함께 읽어 볼 수 있게 하였으며, 간단한 평가문제를 통해서 자기학습력을 점검할 수 있게 하였습니다. 漢字는 역시 써보아야 한다는 기본 원칙에 바탕을 두고 바른 필순에 의해 써보게 함으로써 가히 '한자완전학습'을 기할 수 있도록 했습니다.

뜻 있는 이들의 지도와 독자의 따뜻한 사랑을 바랍니다.

엮은이

일러두기

　이 책은 초등학교 한문 교육 과정에 맞춰서 만든 초등학교 한자 교과서 1단계부터 5단계 중 1단계 교과서입니다.

　이 책은 다음과 같이 구성되어 있습니다.

①　각 단원이 시작할 때마다 그 단원에서 배워야 할 내용을 「학습목표」에 밝혀 예습이 가능하도록 하였습니다.

②　각 단원마다 한 가지의 주제를 가지고 그에 해당되는 낱말을 제시하였습니다.

③　각각의 낱말을 한 자씩 삽화와 함께 뜻을 풀이했으며 정확한 이해를 돕기위해 뒷장에 예시문을 들었습니다.

④　문제에 대한 해답은 본문 뒤에 넣어 올바르게 이해할 수 있도록 하였습니다.

⑤　낱말에 대한 학습이 끝나면 스스로를 평가할 수 있게끔 여러 가지 형태의 문제를 구성하였습니다.

⑥　새로 배운 한자는 필순한자를 통해 올바른 한자쓰기를 할 수 있도록 하였습니다.

⑦　각 단원이 끝날 때마다 「이야기 고사성어」를 수록해 어린이들이 이해하기 어려운 고사성어를 옛날 이야기식으로 풀어 그 유래와 뜻을 알기 쉽게 하였습니다.

이 책의 순서

1 우리의 몸과 동작

漢字

1. 얼굴[耳, 目, 口, 鼻]

2. 몸[手, 足, 心, 身]

3. 뼈와 근육[骨, 肉, 皮, 血]

4. 동작[往, 來, 立, 坐]

학 습 목 표

- 사람의 몸과 그 동작을 나타내는 한자를 배워 봅시다.
- 한자의 짜임과 뜻과 음을 배워 봅시다.
- 몸과 동작의 관계를 살펴 봅시다.

1 얼굴[耳, 目, 口, 鼻]

새·로·배·울·단·어

耳 目 口 鼻
귀·이 눈·목 입·구 코·비

 '얼굴'에 관계 있는 글자의 원리를 알아봅시다.

耳(귀·이)

耳(귀·이)는 사람의 귀 모양을 본뜬 글자입니다.

目(눈·목)

目(눈·목)은 사람의 눈 모양을 본뜬 글자입니다.

口(입·구)

口(입·구)는 사람의 입 모양을 본뜬 글자입니다.

鼻(코·비)

鼻(코·비)는 얼굴 가운데 있으며, 공기를 마시는 받침대 역할을 하는 '코'를 뜻한 글자입니다.

 **예문을 읽으며 글자의 쓰임을 알아봅시다.**

| 耳
귀 · 이 | 김 선생님의 봉사 정신은 많은 사람들로부터 **耳目**(이목)을 끌었습니다.

• **耳目**(이목) - 다른 사람의 주의
　　　　　　　　　目 [눈 · 목] |  |

| 目
눈 · 목 | 아침 운동을 시작한 **目的**(목적)은 규칙적인 생활을 하려는 것입니다.

• **目的**(목적) - 일을 이루려 하는 목표
　　　　　　　　　的 [목표 · 적] |  |

| 口
입 · 구 | 생신날 편지와 선물을 받고 외가 **食口**(식구)들이 모두 기뻐하였다고 하셨습니다.

• **食口**(식구) - 같은 집에서 함께 사는 사람
　　　　　　　　　食 [먹을 · 식] |  |

| 鼻
코 · 비 | 할머니께서는 종종 나에게 "우리 손주 **耳目口鼻**(이목구비)가 참 반듯하기도 하지."라고 말씀하십니다.

• **耳目口鼻**(이목구비) - 귀, 눈, 입, 코 |  |

 배운 글자를 익혀 봅시다.

01 그림과 관계 있는 글자를 찾아 줄로 이으시오.

(1)  •

(2)  •

(3)  •

(4)  •

ㄱ

ㄴ

ㄷ

ㄹ

02 빈 칸에 알맞은 글자를 쓰시오.

학교에서 소방 훈련을 하였다.

우리는 차례를 지켜 非 常 ☐ (비상구)로 나갔다.

03 밑줄 친 글자를 뜻하는 한자는 어느 것입니까?

그 아이의 단정한 모습은 다른 사람의 주의를 끌 만했다.

① 目的　　　② 耳目　　　③ 口鼻　　　④ 目口

글자의 뜻과 음을 읽으며, 필순을 따라 써 보시오.

耳	一 T F F 王 耳		
귀 · 이	耳		

目	l 冂 冃 目 目		
눈 · 목	目		

口	l 冂 口		
입 · 구	口		

鼻	′ ′ ′ 冂 白 白 自 自 鼻 鼻 鼻 畠 畠 鼻 鼻		
코 · 비	鼻		

 배운 한자를 써 보시오.

耳		耳	耳	耳			
귀 · 이							

目		目	目	目			
눈 · 목							

口		口	口	口			
입 · 구							

鼻		鼻	鼻	鼻			
코 · 비							

2 몸[手, 足, 心, 身]

새·로·배·울·단·어

손·수　발·족　마음·심　몸·신

 '몸'에 관계 있는 글자의 원리를 알아봅시다.

手(손·수)는 다섯 개의 손가락과 손바닥, 그리고 팔목을 본뜬 글자입니다.

足(발·족)은 사람의 발과 발목 부분의 모양을 본뜬 글자입니다.

心(마음·심)은 심장의 모양을 본뜬 글자입니다.

身(몸·신)은 아이 밴 여자의 불룩한 몸 모양을 본뜬 글자입니다.

 **예문을 읽으며 글자의 쓰임을 알아봅시다.**

手
손·수

어머니께서는 빙그레 웃으시며, 흰 手巾(수건)으로 건이의 땀을 닦아 주셨습니다.

• 手巾(수건) - 얼굴이나 몸을 닦는 헝겊
巾 [수건·건]

足
발·족

우리 할머니는 돼지 足(족)발을 참 좋아하십니다.

• 足(족)발 - 잡아서 각을 뜬 돼지의 발

心
마음·심

中心(중심) 내용을 생각하며 글을 읽어 봅시다.

• 中心(중심) - 가장 중요한 역할을 하는 것
中 [가운데·중]

身
몸·신

지난 주 금요일에는 身體(신체) 검사를 했습니다.

• 身體(신체) - 사람의 몸
體 [몸·체]

 배운 글자를 익혀 봅시다.

01 다음 한자를 보고, □ 안에 알맞은 뜻이나 음을 쓰시오.

(1) 手 □·수

(2) 心 마음·□

(3) 足 발·□

(4) 身 □·신

02 다음 글의 밑줄 친 글자를 가리키는 한자를 쓰시오.

어느 추운 겨울날 아침, 영수는 학교 가는 길에 명호를 만 났습니다. 명호의 <u>손</u>은 새파랗게 얼어 있었습니다.

(   )

03 '사람의 몸'을 나타내는 한자는 무엇인가요?

① 手足
② 心身
③ 身體
④ 手巾
⑤ 中心

글자의 뜻과 음을 읽으며, 필순을 따라 써 보시오.

手 손·수	´ ⁻ 三 手		
	手		

足 발·족	` �𝇍 口 口 ⾜ ⾜ 足		
	足		

心 마음·심	⼂ 心 心 心		
	心		

身 몸·신	´ ⺆ ⺆ ⺆ 自 身 身		
	身		

 배운 한자를 써 보시오.

手					
手	手	手			

손 · 수

足					
足	足	足			

발 · 족

心					
心	心	心			

마음 · 심

身					
身	身	身			

몸 · 신

3 뼈와 근육[骨, 肉, 皮, 血]

새·로·배·울·단·어

骨　肉　皮　血
뼈·골　살·육　가죽·피　피·혈

 '뼈와 근육'에 관계 있는 글자의 원리를 알아봅시다.

骨(뼈·골)은 살이 없이 뼈대만 남은 몸의 중요한 부분을 뜻하는 글자입니다.

肉(살·육)은 사람의 힘살을 본뜬 글자입니다.

皮(가죽·피)는 짐승의 가죽을 손으로 벗겨 내는 모습을 본뜬 글자입니다.

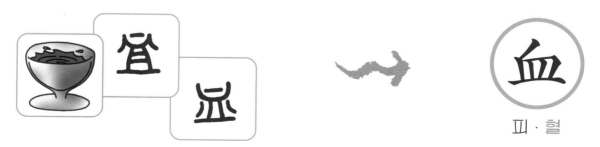

血(피·혈)은 그릇에 담은 피의 모양을 본뜬 글자입니다.

 예문을 읽으며 글자의 쓰임을 알아봅시다.

骨
뼈 · 골

骨格(골격)은 우리 몸을 지탱하는 뼈들의 모임입니다.
- **骨格(골격)** - 몸을 지탱하는 여러 가지 뼈의 조직
  格 [겨룰 · 격]

肉
살 · 육

精肉店(정육점)에서는 쇠고기, 돼지고기, 닭고기 등을 팝니다.
- **精肉店(정육점)** - 살코기를 파는 가게
  精 [깨끗할 · 정]
  店 [가게 · 점]

皮
가죽 · 피

우리 몸을 둘러싸고 있는 살갗을 皮膚(피부)라고 합니다.
- **皮膚(피부)** - 동물의 표면을 싸고 있는 살가죽
  膚 [살갗 · 부]

血
피 · 혈

血液(혈액)은 우리 몸 속을 순환합니다.
- **血液(혈액)** - 동물의 혈관 속을 순환하는 체액
  液 [물 · 액]

 배운 글자를 익혀 봅시다.

01 살이 없어 뼈대만 남은 몸의 중요한 부분을 나타내는 글자는 어느 것입니까?

① 骨   ② 肉   ③ 心   ④ 皮   ⑤ 血

02 다음 □ 안에 알맞은 한자를 쓰시오.

"성호야, 精□店(정육점)에 가서 쇠고기 한 근만 사 오너라."

03 우리 몸을 둘러싸고 있는 살갗을 나타내는 낱말은 어느 것입니까?

① 骨格   ② 皮膚   ③ 皮骨   ④ 血液   ⑤ 手足

04 다음 밑줄 친 글자를 나타내는 한자를 ○ 안에 쓰고, 그 음을 쓰시오.

사과 껍질을 벗기다가 손가락을 베었다. 피는 조금 났지만 겁은 더 난다.

음 : (   )

글자의 뜻과 음을 읽으며, 필순을 따라 써 보시오.

骨

뼈 · 골

丨 冂 冂 冎 冎 冎 冎 骨 骨 骨

骨

肉

살 · 육

丨 冂 门 内 肉 肉

肉

皮

가죽 · 피

丿 厂 广 皮 皮

皮

血

피 · 혈

丿 丶 白 白 血 血

血

 배운 한자를 써 보시오.

骨	骨	骨			

骨 뼈 · 골

肉	肉	肉			

肉 살 · 육

皮	皮	皮			

皮 가죽 · 피

血	血	血			

血 피 · 혈

4 동작 [往, 來, 立, 坐]

새·로·배·울·단·어

갈·왕

올·래

설·립

앉을·좌

 '동작'에 관계 있는 글자의 원리를 알아봅시다.

갈·왕

往(갈·왕)은 생물이 움터나와 일정 기간 동안 살다가 시들어 죽어 '간다'는 뜻의 글자입니다.

올·래

來(올·래)는 보리 이삭이 열려 있는 모양을 본뜬 글자입니다.

설·립

立(설·립)은 땅 위에 서 있는 사람의 모양을 본뜬 글자입니다.

앉을·좌

坐(앉을·좌)는 정다운 두 사람이 땅에 서로 마주 보며 앉다는 뜻의 글자입니다.

 **예문을 읽으며 글자의 쓰임을 알아봅시다.**

往
갈 · 왕

세 아들은 몹시 실망했지만 旣往(기왕)에 파헤친 밭이니 씨앗을 뿌리기로 하였습니다.
- 旣往(기왕) - 지나간 때, 이미
旣 〔이미 · 기〕

來
올 · 래

"來日(내일)이 우리 엄마 생신이야."
- 來日(내일) - 오늘의 바로 다음 날
日 〔날 · 일〕

立
설 · 립

이렇게 완성된 '조선 나라 목록'은 영국 王立(왕립) 도서관에 보관되었습니다.
- 王立(왕립) - 왕의 명령으로 세운
王 〔임금 · 왕〕

坐
앉을 · 좌

'도발을 해 오면 坐視(좌시)하지 않겠다.'
- 坐視(좌시) - 참견하지 않고 잠자코 보고만 있음.
視 〔바라볼 · 시〕

 배운 글자를 익혀 봅시다.

01 다음 한자의 뜻과 음을 맞게 연결하시오.

(1)  •

(2)  •

(3)  •

(4)  •

ㄱ | 앉을 · 좌

ㄴ | 갈 · 왕

ㄷ | 올 · 래

ㄹ | 설 · 립

02 다음 글을 읽고, ☐ 안에 알맞은 한자를 쓰시오.

> 병원은 사람들의 ☐☐ (왕래)가 많은 큰 길가에 있습니다.

03 땅 위에 서 있는 사람의 모양을 본뜬 글자는 어느 것입니까 ?

① 往   ② 來   ③ 立   ④ 坐   ⑤ 手

글자의 뜻과 음을 읽으며, 필순을 따라 써 보시오.

往 갈·왕	´ ´ ´ ´ ´ ´ ´ ´ ´ 往往		
	往		

來 올·래	一 フ ス 双 巫 來 來 來		
	來		

立 설·립	` 一 ナ 亠 立		
	立		

坐 앉을·좌	´ 人 从 丛 坐 坐		
	坐		

배운 한자를 써 보시오.

往	往	往			

往 갈·왕

來	來	來			

來 올·래

立	立	立			

立 설·립

坐	坐	坐			

坐 앉을·좌

孟 母 三 遷

첫째·맹 어머니·모 석·삼 옮길·천

맹자(孟子)의 어머니가 아들의 교육(教育)을 위해 세 번 이사(移徙)했다는 뜻으로, 어머니가 아이의 교육에 열심(熱心)인 것에 비유해서 쓰는 말입니다.

어린 시절에 맹자는 아버지를 여의고 어머니와 넉넉하지 않게 살았습니다.

맹자 어머니는 처음에 공동 묘지 근처에 집을 얻어 살았습니다. 그러자 어린 맹자는 날마다 아이들과 장사(葬事)지내는 놀이만 하였습니다.

"아이고~ 아이고~ 이제 가면 언제 오나. 아이고~"

'아무래도 여기는 자식을 기를 곳이 못된다.' 라고 생각한 맹자 어머니는 집을 옮겨 시장(市場) 옆으로 갔습니다.

맹자가 하루 종일 보는 것은 물건(物件)을 사고 파는 시장 사람들의 모습이었습니다. 그러자 맹자는 이제 하루 종일 무언가를 쌓아 놓고 물건 파는 흉내를 내는 것이었습니다. 이를 본 맹자 어머니는 시장 근처도 맹자에게 가르쳐 줄게 없다는 생각에 이번에는 서당(書堂) 부근으로 이사를 했습니다.

맹자는 늘 서당 부근을 맴돌면서 놀았습니다. 서당에서 흘러 나오는 책 읽는 소리에 귀를 기울이며 그대로 따라 했습니다. 또한 제자(弟子)들이 스승을 대하는 법도 유심히 보았습니다.

맹자의 태도가 점점 달라지기 시작(始作)하였습니다.

이렇게 어린 시절을 보낸 맹자는 어머니의 뜻대로 훌륭한 성인(聖人)이 되었습니다.

2 숫자

漢字

학 습 목 표

🌸 한자의 짜임과 뜻과 음을 배워 봅시다.

🌀 수를 나타내는 한자를 배워 봅시다.

🍥 수의 쓰임을 배워 봅시다.

일이삼사 (一二三四)

한·일　두·이　석·삼　넉·사

 '일이삼사'에 관계 있는 글자의 원리를 알아봅시다.

한·일

一(한·일)은 한 손가락을 옆으로 편 모양으로 '하나'를 뜻한 글자입니다.

두·이

二(두·이)는 손가락을 옆으로 편 모양으로 '둘'을 뜻한 글자입니다.

석·삼

三(석·삼)은 세 손가락을 옆으로 편 모양으로 '셋'을 뜻한 글자입니다.

넉·사

四(넉·사)는 손가락 넷을 밑으로 편 모양으로 '넷'을 뜻한 글자입니다.

 예문을 읽으며 글자의 쓰임을 알아봅시다.

한 · 일

"三一節(삼일절)이나 개천절도 명절이라고 하나요?"
• 三一節(삼일절) - 기미 독립 운동을 기념하는 국경일
節 [마디 · 절]

二
두 · 이

민수네 반은 어제 체육 시간에 二班(2반) 아이들과 축구 경기를 하였습니다.
班 [나눌 · 반]

三
석 · 삼

三寸(삼촌)께서 마중 나오셔서 손을 흔들고 계셨습니다.
• 三寸(삼촌) - 아버지의 형제
寸 [촌수 · 촌]

四
넉 · 사

바람은 언제나 四方(사방)의 소식을 잘도 전해 줍니다.
• 四方(사방) - 동서남북의 네 방향
方 [방향 · 방]

 배운 글자를 익혀 봅시다.

01 다음 숫자를 나타내는 한자와 그 음을 쓰시오.

숫 자	1	2	3	4
한 자				
음				

02 다음 글의 밑줄 친 곳에 해당하는 한자를 (   )안에 쓰시오.

(1) "그래요. 2학년 언니가 되었으니까 1학년 동생들을 잘 보
       (   )   (   )
     살펴 주어야 해요."

(2) 은주는 세 가지, 나는 네 가지 꽃을 찾았습니다.
            (   )   (   )

(3) 한 말, 두 말, 서 말, 너 말
    (   ) (   ) (   ) (   )

(4) 셋째 콩과 넷째 콩도 곧 소년의 고무총에 재어졌습니다.
    (   )   (   )

글자의 뜻과 음을 읽으며, 필순을 따라 써 보시오.

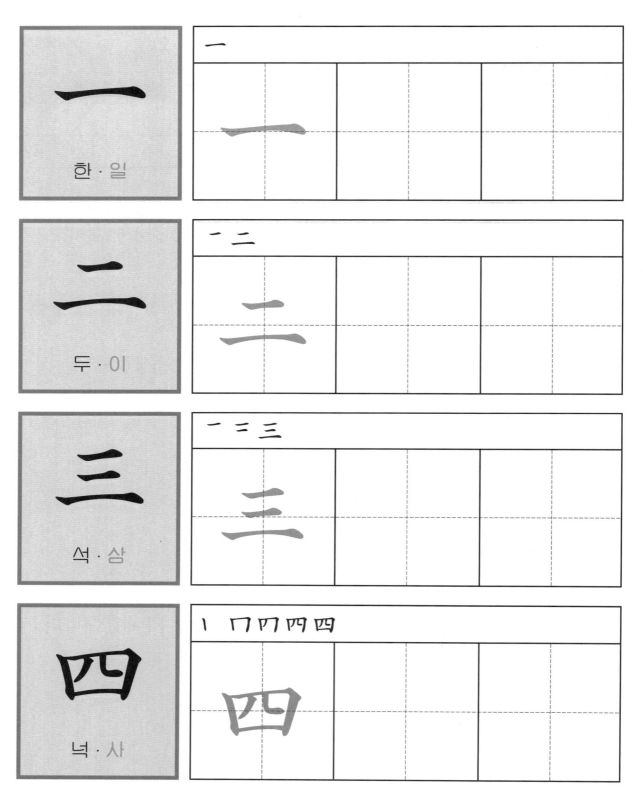

一 한·일	一		

二 두·이	一二		

三 석·삼	一二三		

四 넉·사	丨冂冃四四		

 배운 한자를 써 보시오.

一					
一	一	一			

한·일

二					
二	二	二			

두·이

三					
三	三	三			

석·삼

四					
四	四	四			

넉·사

6 오육칠팔 (五六七八)

五
六
七
八

새·로·배·울·단·어

五　　六　　七　　八

다섯 · 오　여섯 · 육　일곱 · 칠　여덟 · 팔

 '오육칠팔'에 관계 있는 글자의 원리를 알아봅시다.

다섯 · 오

五(다섯 · 오)는 다섯 손가락을 옆으로 편 모양으로 '다섯'을 뜻한 글자입니다.

여섯 · 육

六(여섯 · 육)은 두 손의 손가락을 세 개씩 펴 서로 맞댄 모양으로 '여섯'을 뜻한 글자입니다.

일곱 · 칠

七(일곱 · 칠)은 어떤 물건을 자른다는 글자로 '일곱'이란 뜻을 나타낸 글자입니다.

여덟 · 팔

八(여덟 · 팔)은 사물을 두 쪽으로 가른다는 글자이나 '여덟'이란 뜻을 나타낸 글자입니다.

예문을 읽으며 글자의 쓰임을 알아봅시다.

五
다섯 · 오

고이고이 **五色**(오색)실에 꿰어서 달빛 새는 창문가에 두라고 말씀하셨습니다.

• **五色**(오색) - 파랑, 노랑, 빨강, 하양, 검정의 다섯 가지 빛깔
　　　　　　　　　色 [색깔 · 색]

六
여섯 · 육

세월이 흘러, 할아버지께서 스물다섯 살이 되던 해에 **六 · 二五**(육 · 이오) 사변이 일어났습니다.

• **六 · 二五**(육 · 이오) - 1950년에 발발된 한국 전쟁
　　二 [두 · 이] **五** [다섯 · 오]

七
일곱 · 칠

그는 평생 동안 무려 **七十五**(칠십오)만여 마리의 나비를 모았습니다.

• **七十五**(칠십오) - 75
　　　　十 [열 · 십] **五** [다섯 · 오]

八
여덟 · 팔

밤 하늘에는 음력 **八月**(팔월) 열나흘 날의 둥근 달이 활짝 웃고 있었습니다.

• **八月**(팔월) - 일년 중의 여덟째 달
　　　　　　　　　月 [달 · 월]

 배운 글자를 익혀 봅시다.

01 다음 숫자를 나타내는 한자와 그 음을 쓰시오.

숫 자	5	6	7	8
한 자				
음				

02 밑줄 친 곳에 해당되는 글자를 보기 에서 찾아 쓰시오.

보기

五,　六,　七,　八

(1) 부엉이 아저씨는 싹이 돋은 밤 <u>다섯</u> 톨을 사 가지고 가 셨습니다.　　　　　　　　　(　　　　　)

(2) 퇴계 선생이 <u>여섯</u> 살 때의 일입니다. (　　　　　)

(3) "신통하게도 제비네 <u>일곱</u> 식구 모두가 가지런히 전깃줄 에 나와 앉더군."　　　　　　(　　　　　)

03 다음 한자를 바르게 읽은 것은 어느 것입니까?

음력 八月 15일은 한가위 날입니다.

① 육월　　② 팔일　　③ 육일　　④ 팔월　　⑤ 이월

글자의 뜻과 음을 읽으며, 필순을 따라 써 보시오.

| 五 다섯 · 오 | 一 丁 五 五 |
| | 五 |

| 六 여섯 · 육 | 亠 亠 六 六 |
| | 六 |

| 七 일곱 · 칠 | 一 七 |
| | 七 |

| 八 여덟 · 팔 | 丿 八 |
| | 八 |

 배운 한자를 써 보시오.

五	五	五			

五
다섯 · 오

六	六	六			

六
여섯 · 육

七	七	七			

七
일곱 · 칠

八	八	八			

八
여덟 · 팔

구십백천 (九十百千)

새·로·배·울·단·어

九 十 百 千

아홉·구 열·십 일백·백 일천·천

 '구십백천'에 관계 있는 글자의 원리를 알아봅시다.

아홉 · 구

九(아홉 · 구)는 十(열 · 십)에서 하나가 모자란다는 뜻에서 '아홉'을 뜻한 글자입니다.

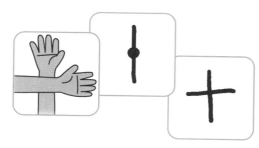 

열 · 십

十(열 · 십)은 다섯 손가락씩 있는 두 손을 엇걸어 '열'을 가리킨 글자입니다.

일백 · 백

百(일백 · 백)은 하나에서 일백까지 헤아리면 한 단위의 묶음이 되니 '일백'을 뜻한 글자입니다.

일천 · 천

千(일천 · 천)은 한 사람의 몸으로 천 단위를 나타냈던 데서 '일천'을 뜻한 글자입니다.

 **예문을 읽으며 글자의 쓰임을 알아봅시다.**

九 아홉 · 구	우리는 지난 금요일에 *九龍山* (구룡산) 약수터로 소풍을 갔습니다. 龍 [용 · 룡] 山 [뫼 · 산] 
十 열 · 십	"만약 *十年*(십년)을 끝없이 연구한다면 세계적인 나비 박사가 될 수 있을 걸세." • *十年*(십년) - 10년 年 [나이 · 년] 
百 일백 · 백	임금님께서는 *百姓*(백성)을 너무 사랑하시기 때문에 귀가 그렇게 커진 것입니다. • *百姓*(백성) - '국민'의 옛스러운 말 姓 [성씨 · 성] 
千 일천 · 천	먹을 것을 구걸해 가며 산 넘고 물 건너 *數千*(수천) 리를 걷고 또 걸었습니다. • *數千*(수천) - 천의 여러 배, 몇 천 數 [숫자 · 수] 

 배운 글자를 익혀 봅시다.

01 다음 숫자를 나타내는 한자와 그 음을 쓰시오.

숫 자	9	10	100	1000
한 자				
음				

02 다음 글의 밑줄 친 곳에 알맞은 한자를 ( )안에 쓰시오.

(1) 하루에 <u>열</u> 번이라도 먹을 수 있을 것 같던 단 약도 이젠
　　　(　　)

목에 걸려 안 넘어간다.

(2) 너무 많이 자라면 먹기가 힘들기 때문에 <u>30</u> 센티미터 정도
　　　　　　　　　　　　　　　　　(　　　)

자란 것을 딴다.

(3) 상어는 십 년 동안에 무려 2만 <u>5천</u>여 개의 이를 갑니다.
　　　　　　　　　　　　　(　　　)

(4) 너는 하루에 <u>5백</u> 번 정도 웃는 아주 명랑한 어린이었지.
　　　　　　(　　　)

(5) <u>열일곱</u>, 　<u>열여덟</u>, 　<u>열아홉</u>…….
　　(　　) (　　) (　　)

글자의 뜻과 음을 읽으며, 필순을 따라 써 보시오.

九 아홉 · 구	ノ九 九		
十 열 · 십	一十 十		
百 일백 · 백	一一丆丆百百 百		
千 일천 · 천	′二千 千		

 배운 한자를 써 보시오.

九	九	九			

아홉 · 구

十	十	十			

열 · 십

百	百	百			

일백 · 백

千	千	千			

일천 · 천

他 山 之 石

다를·타   뫼·산   어조사·지   돌·석

옛날에 공자님이 말씀하셨습니다. '세 사람이 걸어가면, 그 중에는 반드시 내 스승이 될 만한 인물이 있다. 삼인행(三人行), 필유아사(必有我師)'

이 말은 우리 주위에 사는 일반적인 사람들 중에서 스승이 될 만한 사람이 있다고 말하는 것입니다. 타산지석도 마찬가지의 말입니다. 다른 산에서 나온 보통의 돌이라도 이쪽 산에서 나온 옥의 돌을 가는 데 쓰일 경우가 있다는 뜻으로, 다른 산의 보통 돌을 평범한 사람, 옥돌을 훌륭한 사람으로 비유하면서 훌륭한 사람이라도 평범한 사람으로부터 꼭 배울 것이 있다는 말입니다.

나보다 못한 사람에게 묻는 것을 부끄럽게 생각해서는 안 됩니다.

우리는 오히려 바르지 못한 사람한테서도 배울 수가 있습니다. 그들의 나쁜 점을 보고 피할 수가 있기 때문입니다.

타산지석을 생각해 볼 때 세상의 어느 것 하나라도 우리가 옳게 받아들인다면 인격이나 많은 지식을 쌓는 데 큰 도움을 받을 수 있습니다.

③ 방향과 장소 漢字

학 습 목 표

꽃 한자의 짜임과 뜻과 음을 배워 봅시다.

손 방향과 위치를 나타내는 한자를 배워 봅시다.

열 크기와 길이의 관계를 배워 봅시다.

새·로·배·울·단·어

東 西 南 北

동녘·동   서녘·서   남녘·남   북녘·북

 '동서, 남북'에 관계 있는 글자의 원리를 알아봅시다.

동녘 · 동

東(동녘 · 동)은 해가 나무 줄기에 걸려 있는 모양으로 '동쪽'을 뜻한 글
자입니다.

서녘 · 서

西(서녘 · 서)는 새가 둥우리에 앉아 있는 모양을 본뜬 글자입니다.

남녘 · 남

南(남녘 · 남)은 나무는 남쪽으로 갈수록 가지가 점점 무성해진다는 데서
'남쪽'을 뜻한 글자입니다.

북녘 · 북

北(북녘 · 북)은 두 사람이 서로 등을 대고 있는 모양을 본뜬 글자입니다.

 예문을 읽으며 글자의 쓰임을 알아봅시다.

東
동녘 · 동

東(동)쪽 하늘에 고운 빛깔의 무지개가 걸려 있었습니다.
- 東(동)쪽 - 해가 뜨는 쪽

西
서녘 · 서

그러나 해가 西(서)쪽 바다로 질 때까지 그 누구도 찾아오는 이가 없었습니다.
- 西(서)쪽 - 해가 지는 쪽

南
남녘 · 남

"흥부네 제비처럼 江南(강남) 갔다 오면서 자네한테 박씨라도 물어 올른지 말이야."
- 江南(강남) - 중국 양자강의 이남 지역
  江 [강 · 강]

北
북녘 · 북

어떤 새는 北極(북극)에서 오스트레일리아 앞바다까지 2만여 킬로미터나 여행을 합니다.
- 北極(북극) - 지구 자전축의 북쪽 끝의 지점
  極 [지극할 · 극]

 배운 글자를 익혀 봅시다.

01 다음 한자의 뜻과 음을 쓰시오.

(1) 東 [　　　　　]

(2) 西 [　　　　　]

(3) 南 [　　　　　]

(4) 北 [　　　　　]

02 다음 □ 안에 알맞은 한자를 쓰시오.

아침이면 □ (동)쪽에서 해가 떠서 저녁 무렵 □ (서)쪽으로 집니다.

03 다음 □ 안에 들어갈 한자가 알맞은 것은 어느 것입니까?

나침반의 S극은 □ 쪽을, N극은 □ 쪽을 가리킵니다.

① 東, 西　　　② 東, 南　　　③ 南, 北
④ 北, 南　　　⑤ 南, 西

 글자의 뜻과 음을 읽으며, 필순을 따라 써 보시오.

東 동녘 · 동	一 厂 厅 闩 自 車 東 東		
	東		

西 서녘 · 서	一 厂 厅 丙 两 西		
	西		

南 남녘 · 남	一 十 十 内 内 南 南 南 南		
	南		

北 북녘 · 북	一 十 北 北 北		
	北		

 배운 한자를 써 보시오.

東	東	東			

동녘 · 동

西	西	西			

서녘 · 서

南	南	南			

남녘 · 남

北	北	北			

북녘 · 북

9

상하, 고저(上下, 高低)

   低

上 下 高 低

위·상　아래·하　높을·고　낮을·저

 '상하, 고저'에 관계 있는 글자의 원리를 알아봅시다.

위·상

上(위·상)은 기준선(一) 위에 점(•)을 찍어서 '위'라는 뜻을 나타낸 글자입니다.

아래·하

下(아래·하)는 기준선(一) 아래에 점(•)을 찍어서 '아래'라는 뜻을 나타낸 글자입니다.

높을·고

高(높을·고)는 성 위에 높이 솟은 망루의 모양을 본뜬 글자입니다.

낮을·저

低(낮을·저)는 신분이 낮은 사람이 자세를 낮춘다는 데서 '낮다'는 뜻의 글자입니다.

 예문을 읽으며 글자의 쓰임을 알아봅시다.

上
위·상

햇님이 벙글벙글 웃으며 온 世上(세상)을 밝게 비추기 시작하였습니다.

- 世上(세상) - 사회, 세간

世 [세상·세]

下
아래·하

臣下(신하)는 임금님이 시키는 대로 하였습니다.

- 臣下(신하) - 임금을 섬기어 벼슬하는 사람

臣 [신하·신]

高
높을·고

저 멀리 高速(고속) 도로가 보입니다.

- 高速(고속) - 아주 빠른 속도

速 [빠를·속]

低
낮을·저

저희 가게에서는 低廉(저렴)한 가격으로 손님 여러분을 모시고 있습니다.

- 低廉(저렴) - (물건 따위의) 값이 쌈.

廉 [싸다·렴]

배운 글자를 익혀 봅시다.

01 다음 한자와 그 뜻과 음을 알맞게 줄로 이으시오.

(1) 上 •		㉠ 아래 · 하
(2) 下 •		㉡ 낮을 · 저
(3) 高 •		㉢ 높을 · 고
(4) 低 •		㉣ 위 · 상

02 다음 밑줄 친 곳에 알맞은 한자를 쓰시오.

(1) 나는 책상 <u>위</u>를 정리합니다. (　　　　)

(2) "너는 키가 작은데, 어떻게 저 <u>높은</u> 하늘에 그림을 그릴 수 있겠니?" (　　　　)

(3) 언니가 찾던 꽃핀은 의자 <u>아래</u> 떨어져 있었습니다. (　　　　)

03 다음 □ 안에 알맞은 한자를 쓰시오.

세일 기간에는 □廉(저렴)하게 물건을 살 수 있습니다.

 글자의 뜻과 음을 읽으며, 필순을 따라 써 보시오.

上 위·상	丨 ┝ 上			
	上			

下 아래·하	一 丁 下			
	下			

高 높을·고	丶 一 亠 亠 古 古 高 高 高 高			
	高			

低 낮을·저	丿 亻 亻 仟 仟 低 低			
	低			

 배운 한자를 써 보시오.

上					
上	上	上			

위 · 상

下					
下	下	下			

아래 · 하

高					
高	高	高			

높을 · 고

低					
低	低	低			

낮을 · 저

10

전후, 좌우 (前後, 左右)

새·로·배·울·단·어

前　　後　　左　　右

앞·전　　뒤·후　　왼·좌　　오른·우

'전후, 좌우'에 관계 있는 글자의 원리를 알아봅시다.

前(앞·전)

前(앞·전)은 배를 탄 사람은 움직이지 않아도 배가 움직여 앞으로 나아 간다는 데서 '앞'을 뜻한 글자입니다.

後(뒤·후)

後(뒤·후)는 어린아이의 걸음은 느려서 다른 사람에게 뒤진다는 데서 '뒤'를 뜻한 글자입니다.

左(왼·좌)

左(왼·좌)는 왼손으로 일을 돕는다는 데서 '왼쪽'을 뜻한 글자입니다.

右(오른·우)

右(오른·우)는 입에서 말이 떨어지자마자 곧 움직여 돕는 손이 오른손 이라는 데서 '오른쪽'을 뜻한 글자입니다.

前
앞·전

우리는 공장 안으로 들어가기 前(전)에 흰 옷을 입고 흰 모자를 썼습니다.

後
뒤·후

나는 일기를 열심히 쓰지 않은 것을 後悔(후회)하였습니다.

• 後悔(후회) - 이전의 잘못을 뉘우침
　　　　　悔 [뉘우칠·회]

左
왼·좌

복도에서는 左側(좌측)으로 조용히 걸어갑니다.

• 左側(좌측) - 왼쪽
　　　　　側 [옆·측]

右
오른·우

우리 선생님의 座右銘(좌우명)은 '정직하자'입니다.

• 座右銘(좌우명) - 늘 가까이 적어 두고, 경계로 삼는 말이나 글
　　座 [자리·좌]　銘 [새길·명]

 배운 글자를 익혀 봅시다.

01 다음 한자의 뜻과 음을 쓰시오.

(1) 前 [　　　]   (2) 後 [　　　]

(2) 左 [　　　]   (4) 右 [　　　]

02 다음 문장을 읽고, 밑줄 친 곳에 알맞은 한자를 보기 에서 골라 쓰시오.

보기

前,　後,　左,　右

(1) 내가 고개를 돌렸을 때에는 벌써 그 소녀가 내 등에 올라 탄 뒤였습니다.

(　　　　　　　)

(2) 송이는 왼쪽과 오른쪽 신을 바꾸어 신습니다.

(　　　　,　　　　)

(3) 추석 전 날에는 인천에 사는 작은댁 식구들이 왔습니다.

(　　　　　　　)

(4) "차례를 지낸 뒤, 산소에 가서 성묘도 하지."

(　　　　　　　)

 글자의 뜻과 음을 읽으며, 필순을 따라 써 보시오.

前 앞 · 전	丶 丷 丷 广 广 肖 肖 前 前 前
	前

後 뒤 · 후	丿 夕 彳 彳 彳 彳 彳 役 後 後
	後

左 왼 · 좌	一 ナ ナ 左 左
	左

右 오른 · 우	丿 ナ 才 右 右
	右

 배운 한자를 써 보시오.

前	前	前			

앞 · 전

後	後	後			

뒤 · 후

左	左	左			

왼 · 좌

右	右	右			

오른 · 우

11 대소, 장단 (大小, 長短)

새·로·배·울·단·어

큰·대   작을·소   긴·장   짧을·단

 '대소, 장단'에 관계 있는 글자의 원리를 알아봅시다.

大 (큰 · 대)는 사람이 팔다리를 벌리고 서 있는 모양을 본뜬 글자입니다.

小 (작을 · 소)는 가늘고 작은 빗방울 모양을 본뜬 글자입니다.

長 (긴 · 장)은 사람의 머리카락이 긴 것을 본뜬 글자입니다.

短 (짧을 · 단)은 옛날에 짧은 물건을 화살로 잰다는 데서 '짧다'는 뜻을 나타낸 글자입니다.

 예문을 읽으며 글자의 쓰임을 알아봅시다.

大
큰 · 대

그 때, 大門(대문)을 여는 소리가 들렸습니다.

· 大門(대문) - 큰 문, 집의 정문

門 [문 · 문]

小
작을 · 소

우체국에 가서 외할머니께 편지와 小包(소포)를 부쳤습니다.

· 小包(소포) - 조그마하게 포장한 물건

包 [보자기 · 포]

長
긴 · 장

모두들 長(장)대 주위에 흩어 놓은 모래주머니를 주워서 바구니를 향해 던졌습니다.

· 長(장)대 - 대나 나무로 만든 긴 막대기

短
짧을 · 단

우리 반 박태우는 短距離(단거리) 달리기 선수입니다.

· 短距離(단거리) - 짧은 거리

距 [떨어질 · 거]
離 [떠날 · 리]

 배운 글자를 익혀 봅시다.

01 다음 한자의 뜻과 음을 쓰시오.

(1) 大 ⬚　　　　(2) 小 ⬚

(2) 長 ⬚　　　　(4) 短 ⬚

02 다음 문장을 읽고, 밑줄 친 곳에 알맞은 한자를 보기 에서 골라 쓰시오.

보기

大, 小, 長, 短

(1) 코끼리아저씨는 긴 코로 기둥을 나르고, 키가 큰 기린아저 씨는 사다리가 되었습니다. (　　　　　)

(2) 갑자기 커다란 호랑이가 나타났습니다. (　　　　　)

(3) "내 것이 더 작아." (　　　　　)

(4) 토끼의 귀는 길고, 꼬리는 짧습니다.

(　　,　　)

글자의 뜻과 음을 읽으며, 필순을 따라 써 보시오.

一 ナ 大		
大		

큰·대

ノ 小 小		
小		

작을·소

l r r F E E E E		
長		

긴·장

ノ ト ヒ ヒ チ 矢 矢 知 知 知 短 短		
短		

짧을·단

 배운 한자를 써 보시오.

大					
大	大	大			

큰·대

小					
小	小	小			

작을·소

長					
長	長	長			

긴·장

短					
短	短	短			

짧을·단

漁 夫 之 利

고기잡을 · 어   남편 · 부   어조사 · 지   이로울 · 리

옛날, 중국에 힘이 약한 연(燕)나라와 조(趙)나라, 그리고 힘이 센 진(秦)나라가 있었습니다.

연나라에 심한 가뭄이 들어 백성들이 살기 힘들어지자 이 틈을 타서 조나라가 연나라를 공격하려고 했습니다. 연나라는 조나라의 침략을 막기 위해서 '소대(蘇代)'라는 말솜씨가 뛰어난 사람을 조나라에 보냈습니다.

"폐하, 제가 이곳으로 오는 도중에 참으로 재미있는 일을 보았습니다."

"그게 무엇이오?"

"강을 막 건너오려는데 조개 한 마리가 입을 벌리고 햇볕을 쬐고 있었습니다. 그때, 황새 한 마리가 갑자기 날아와 조개를 먹으려고 살을 쪼았는데 조개도 급히 입을 다물어 황새의 주둥이를 물고 늘어지는 것이었습니다. 그러자 황새가 '내일까지 비가 내리지 않는다면 너는 틀림없이 말라 죽을 거다.'라고 위협하니, 조개도 지지 않고 '내일까지 내가 입을 벌리지 않고 있으면 너야말로 죽을 거다.'라고 했습니다. 이렇게 서로 다투고 있는데 그 곳을 지나가던 어부(漁夫)가 조개와 황새를 손쉽게 잡았습니다.

폐하께서는 지금 저희 연나라를 공격하려고 합니다. 만약 연나라가 조개라면 조나라는 황새입니다. 연나라와 조나라가 헛되이 싸움을 하면 결국 강한 진나라는 어부가 되어 두 나라를 손쉽게 집어삼킬 것입니다."

이 말을 듣고 있던 조나라의 왕은 소대의 말이 옳다고 생각하고 연나라를 공격하려는 계획을 즉시 중단하였습니다.

'어부지리(漁夫之利)'는 두 사람이 서로 다투는 틈에 제3의 다른 사람이 별다른 노력없이 이익을 얻는다는 이야기입니다.

4 가 족

漢字

학 습 목 표

🌼 한자의 짜임과 뜻과 음을 배워 봅시다.

🌿 가족의 관계를 나타내는 한자를 배워 봅시다.

🍃 가족간의 예절을 배워 봅시다.

남녀, 노소 (男女, 老少)

새·로·배·울·단·어

 男 女 老 少

사내 · 남   계집 · 녀(여)   늙을 · 로(노)   젊을 · 소

| 알아두기 | '女' 자와 '老' 자는 낱말의 첫머리에서는 각각 '여' 와 '노' 로 읽습니다. |

 '남녀, 노소' 에 관계 있는 글자의 원리를 알아봅시다.

男 (사내 · 남)은 밭에서 힘껏 일하는 사람으로 '남자'를 뜻한 글자입니다.

女 (계집 · 녀)는 무릎 꿇고 그 위에 손을 얹고 앉아있는 얌전한 여자의 모양을 본뜬 글자입니다.

老 (늙을 · 로)는 허리 굽은 늙은이가 지팡이 짚고 걸어가는 모양을 본뜬 글자입니다.

少 (젊을 · 소)는 작은 것을 다시 잘라 냈으므로 양이 더욱 적어졌다는 뜻인데, '젊다'라는 뜻으로도 쓰이는 글자입니다.

 예문을 읽으며 글자의 쓰임을 알아봅시다.

男
사내 · 남

건강이 회복되자 아내는 **男便**(남편)과 함께 고향을 향하여 길을 떠났습니다.
- **男便**(남편) - 혼인하여 여자의 짝이 되어 사는 남자
  便 [편할 · 편]

女
계집 · 녀(여)

"**女子**(여자)의 몸으로 어찌면 중국 땅을 다녀올 수가 있겠소."
- **女子**(여자) - 여성인 사람
  子 [아들 · 자]

老
늙을 · 로(노)

老人(노인)을 공경하는 것은 바른 예절입니다.
- **老人**(노인) - 나이가 많은 사람
  人 [사람 · 인]

少
젊을 · 소

그 때 나타난 아이가 바로 그 **少女**(소녀)였습니다.
- **少女**(소녀) - 아주 어리지도 않고 성숙하지도 않은 여자 아이
  女 [계집 · 녀(여)]

 배운 글자를 익혀 봅시다.

01 다음 한자의 뜻과 음을 쓰시오.

(1) 男 ☐ (2) 女 ☐

(3) 老 ☐ (4) 少 ☐

02 다음 밑줄 친 곳에 알맞은 한자를 보기 에서 골라 쓰시오.

보기

女子, 老人, 少女, 男便

(1) 아내는 남편이 죽은 것으로 생각하게 되었습니다.

( )

(2) "여자의 몸으로 어찌 먼 중국 땅을 다녀올 수가 있겠소."

( )

(3) 경로석은 노인들을 위한 자리입니다.

( )

(4) 내가 고개를 돌렸을 때에는 벌써 그 소녀가 내 등에 올라 탄 뒤였습니다.

( )

 글자의 뜻과 음을 읽으며, 필순을 따라 써 보시오.

男 사내 · 남	ノ 口 四 田 田 男男		
	男		

女 계집 · 녀(여)	く 女 女		
	女		

老 늙을 · 로(노)	一 十 土 耂 耂 老		
	老		

少 젊을 · 소	ﾉ 小 小 少		
	少		

 배운 한자를 써 보시오.

男	男	男	男		

사내 · 남

女	女	女	女		

계집 · 녀(여)

老	老	老	老		

늙을 · 로(노)

少	少	少	少		

젊을 · 소

13 부모, 자식 (父母, 子息)

새·로·배·울·단·어

父	母	子	息
아버지 · 부	어머니 · 모	아들 · 자	아들 · 식 아이 · 식

 '부모, 자식'에 관계 있는 글자의 원리를 알아봅시다.

父 (아버지 · 부)는 손에 회초리를 들고 있는 모양을 본뜬 글자입니다.

母 (어머니 · 모)는 女 (계집 · 녀) 안에 ;을 더하여 젖을 나타낸 글자로, '어머니'를 뜻한 글자입니다.

子 (아들 · 자)는 양팔을 벌린 어린아이의 모양을 본뜬 글자입니다.

息 (아들 · 식)은 자식이 숨을 쉰다는 뜻의 글자입니다.

 예문을 읽으며 글자의 쓰임을 알아봅시다.

父
아버지 · 부

父母(부모)님 말씀도 잘 듣겠습니다.
- 父母(부모) - 아버지와 어머니
  母 [어머니 · 모]

母
어머니 · 모

혼자 집을 보고 있는데 姨母(이모)한테서 전화가 왔습니다.
- 姨母(이모) - 어머니의 자매
  姨 [이모 · 이]

子
아들 · 자

꿈 속에서 민영이는 별나라의 王子(왕자)가 되었습니다.
- 王子(왕자) - 임금의 아들
  王 [임금 · 왕]

息
아들 · 식
아이 · 식

한 소녀의 消息(소식)입니다.
- 消息(소식) - 안부 따위에 대한 기별이나 편지
  消 [사라질 · 소]

 배운 글자를 익혀 봅시다.

01 다음 한자의 뜻과 음을 쓰시오.

(1) 父 ☐ (2) 母 ☐

(3) 子 ☐ (4) 息 ☐

02 다음 문장을 읽고, 밑줄 친 곳에 알맞은 한자를 보기 에서 골라 쓰시오.

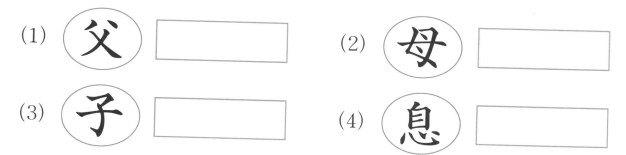

보기
父, 母, 子息, 父母, 消息

(1) "엄마, 생신 축하해요."

(   )

(2) 아버지께서는 꽃을 매우 좋아하십니다.

(   )

(3) 바람은 언제나 사방의 소식을 잘도 전해 줍니다.

(   )

(4) 자식이 없는 노인들은 양로원에 가기도 합니다.

(   )

(5) 저희가 이렇게 바르고 건강하게 자라는 것은 모두 부모님의 사랑과 보살핌 덕분입니다.

(   )

글자의 뜻과 음을 읽으며, 필순을 따라 써 보시오.

父	ノ ハ グ 父
아버지 · 부	父

母	ㄴ ㅁ ㅂ ㅂ 母
어머니 · 모	母

子	ㄱ 了 子
아들 · 자	子

息	ノ ィ ㅓ ㅓ 自 自 自 息 息 息
아들 · 식 아이 · 식	息

 배운 한자를 써 보시오.

父	父	父			

父 아버지 · 부

母	母	母			

母 어머니 · 모

子	子	子			

子 아들 · 자

息	息	息			

息 아들 · 식
아이 · 식

형제, 자매 (兄弟, 姉妹)

兄	弟	姉	妹
형 · 형	아우 · 제	손윗누이 · 자	손아래누이 · 매

 '형제, 자매'에 관계 있는 글자의 원리를 알아봅시다.

형 · 형

兄(형 · 형)은 아우를 타이르고 지도하는 사람이라는 데서 '형'을 뜻한 글자입니다.

아우 · 제

弟(아우 · 제)는 막대의 가죽끈을 차례로 내리감은 모양을 본뜬 글자입니다.

손윗누이 · 자

姉(손윗누이 · 자)는 여자 형제 중에서 '첫째 언니'를 뜻한 글자입니다.

손아래누이 · 매

妹(손아래누이 · 매)는 여자 형제 중에서 '아래 여동생'을 뜻한 글자입니다.

 예문을 읽으며 글자의 쓰임을 알아봅시다.

兄
형 · 형

집에서 兄(형)이 뚱뚱하다고 놀릴 때에도 약이 올랐는데…….
• 兄(형) - 동기간에서 나이가 위인 사람

弟
아우 · 제

벼슬에서 물러난 퇴계 선생은 열심히 弟子(제자)를 가르쳤습니다.
• 弟子(제자) - 스승의 가르침을 받거나 받은 사람
　　　　　　子 [아들 · 자]

姉
손윗누이 · 자

우리는 쌍둥이 姉妹(자매)입니다.
• 姉妹(자매) - 여자끼리의 형제

妹
손아래누이 · 매

외삼촌은 우리 아빠를 '妹兄(매형)'이라고 부릅니다.
• 妹兄(매형) - 누나의 남편
　　　　　　兄 [형 · 형]

 배운 글자를 익혀 봅시다.

01 다음 한자의 뜻과 음을 쓰시오.

(1) 兄 ☐   (2) 弟 ☐

(3) 姉 ☐   (4) 妹 ☐

02 다음 밑줄 친 곳에 알맞은 한자를 ( )안에 쓰시오.

(1) 옛날 어느 마을에, 사이 좋은 <u>형제</u>가 살고 있었습니다. 가을
                     (   )

이 되자 <u>형제</u>는 여름내 땀 흘려 가꾼 벼를 거두어 들였습니다.
     (   )

<u>형제</u>는 볏단을 똑같이 나누어 가졌습니다.
(   )

(2) 옛날 어느 마을에, 부자 한 사람이 살고 있었습니다. 그 부
자에게는 딸 셋이 있었습니다. 세 <u>자매</u>는 아버지의 재산을
                            (   )

많이 물려받기 위해서, 서로 자기가 아버지를 잘 모신다고
뽐내고 있었습니다.

 글자의 뜻과 음을 읽으며, 필순을 따라 써 보시오.

| 兄 형·형 | `丶冂口尸兄`
兄 | | |

| 弟 아우·제 | `丶丷亅羊弟弟`
弟 | | |

| 姉 손윗누이·자 | `乚㇗女女女妒妒妒姉`
姉 | | |

| 妹 손아래누이·매 | `乚㇗女女妒妹妹妹`
妹 | | |

 배운 한자를 써 보시오.

兄
형 · 형

兄	兄	兄			

弟
아우 · 제

弟	弟	弟			

姉
손윗누이 · 자

姉	姉	姉			

妹
손아래누이 · 매

妹	妹	妹			

15 부부, 조손 (夫婦, 祖孫)

새·로·배·울·단·어

夫	婦	祖	孫
남편 · 부	아내 · 부	할아버지 · 조	손자 · 손

 '부부, 조손'에 관계 있는 글자의 원리를 알아봅시다.

남편 · 부

夫 (남편 · 부)는 머리에 동곳을 꽂은 기혼 남자의 자세로 '남편'을 뜻한 글자입니다.

아내 · 부

婦 (아내 · 부)는 여자가 시집가면 빗자루를 들고 청소하는 '아내', '며느리'를 뜻한 글자입니다.

할아버지 · 조

祖 (할아버지 · 조)는 사당에 위패가 차곡차곡 쌓여 있음을 나타내어 '조상'을 뜻한 글자입니다.

손자 · 손

孫 (손자 · 손)은 아들의 대를 잇는 '손자'를 뜻한 글자입니다.

예문을 읽으며 글자의 쓰임을 알아봅시다.

夫
남편 · 부

農夫(농부)의 이야기를 듣고 난 임금님은 아주 기뻤습니다.
- 農夫(농부) - 농업에 종사하는 사람
  農 [농사 · 농]

婦
아내 · 부

다람쥐 夫婦(부부)가 연못가에 아담한 꽃씨 가게를 냈습니다.
- 夫婦(부부) - 남편과 아내
  夫 [남편 · 부]

祖
할아버지 · 조

"예로부터 설날에는 祖上(조상)께 차례도 지내고 성묘도 한단다."
- 祖上(조상) - 같은 혈통의, 할아버지 이상의 대대의 어른
  上 [위 · 상]

孫
손자 · 손

나는 할아버지의 孫子(손자)입니다.
- 孫子(손자) - 아들의 아들
  子 [아들 · 자]

 배운 글자를 익혀 봅시다.

01 다음 한자의 뜻과 음을 맞게 연결하시오.

(1) 夫 •

(2) 婦 •

(3) 祖 •

(4) 孫 •

　ㄱ 할아버지 · 조

　ㄴ 남편 · 부

　ㄷ 손자 · 손

　ㄹ 아내 · 부

02 다음 문장을 읽고, 밑줄 친 곳에 알맞은 말을 보기 에서 찾아 쓰시오.

보기

夫,　婦,　夫婦,　祖上,　孫女

(1) 그로부터 이 용감한 <u>아내</u>의 이야기는 온 세상에 널리 알려지게 되었습니다.　　　　　　　　　　　(　　　　　)

(2) 다람쥐 <u>부부</u>는 너구리가 또 장난을 친 줄 알고 몹시 화가 났습니다.　　　　　　　　　　　　　　(　　　　　)

(3) "명절에는 <u>조상</u>께 차례를 지낸단다."　　(　　　　　)

(4) 할아버지께서는 "나는 <u>손녀</u> 보는 재미에 살지."라고 종종 말씀하십니다.　　　　　　　　　　　(　　　　　)

글자의 뜻과 음을 읽으며, 필순을 따라 써 보시오.

夫 남편 · 부	ー 二 夫 夫			
	夫			

婦 아내 · 부	く 女 女 女ˊ 女ˊ 女ˊ 女ˊ 婦 婦 婦 婦			
	婦			

祖 할아버지 · 조	ー 二 千 ぅ 禾 利 和 和 和 祖			
	祖			

孫 손자 · 손	⁊ 了 孑 孑 孑 孖 孫 孫 孫 孫			
	孫			

 배운 한자를 써 보시오.

夫	夫	夫			

夫
남편 · 부

婦	婦	婦			

婦
아내 · 부

祖	祖	祖			

祖
할아버지 · 조

孫	孫	孫			

孫
손자 · 손

五 里 霧 中
다섯·오 마을·리 안개·무 가운데·중

옛날 중국의 후한(後漢) 시대에 장해(長楷)라는 학자(學者)가 있었습니다. 장해는 벼슬을 마다하고 재야(在野)에 묻혀 사는 학자였는데, 그의 학문의 경지가 깊고, 도술에도 능하여 주변에는 그를 따르는 제자가 많았습니다.

조정(朝廷)에서 몇 번이나 높은 관리 자리를 주겠다고 하여도 그는 절대로 관리(管吏)가 되는 일을 거절하였습니다.

이 장해가 특히 잘하는 도술은 5리에 걸쳐 안개를 자욱하게 끼게 하는 것이었습니다. 그래서 만나고 싶지 않은 사람이 찾아왔을 때에는 이렇게 도술로 끼게한 안개 속으로 숨어버리곤 했던 것입니다.

'오리무중(五里霧中)'이란 말은, 짙은 안개 속에서 아무것도 보이질 않아 방향을 알 수 없듯이 무슨 일에 대해 갈피를 잡을 수 없다는 비유를 할 때 쓰는 말입니다.

오늘날에는 방침(方針)이 서지 않아서 어떻게 하면 좋을지 모를 때에도 사용하는 말입니다.

예를 들어 '탈주범 ○○○의 행방은 탈주 1년이 되도록 오리무중이다.'와 같이 전혀 알 수 없음을 비유하여 사용합니다.

漢字

모범답안

1 우리의 몸과 동작

1. 얼굴 (耳, 目, 口, 鼻)

1. (1) ⓒ (2) ⓐ (3) ⓔ (4) ⓓ
2. 口(입·구)   3. ②

2. 몸 (手, 足, 心, 身)

1. (1) 손 (2) 심 (3) 족 (4) 몸
2. 手(손·수)   3. ③

3. 뼈와 근육 (骨, 肉, 皮, 血)

1. ①   2. 肉(살·육)   3. ②   4. 血, 혈

4. 동작 (往, 來, 立, 坐)

1. (1) ⓒ (2) ⓔ (3) ⓓ (4) ⓐ
2. 往來   3. ③

2 숫자

5. 일이삼사 (一二三四)

1. 一, 二, 三, 四, 일, 이, 삼, 사
2. (1) 二, 一   (2) 三, 四
   (3) 一, 二, 三, 四   (4) 三, 四

6. 오육칠팔 (五六七八)

1. 五, 六, 七, 八, 오, 육, 칠, 팔
2. (1) 五 (2) 六 (3) 七   3. ④

7. 구십백천 (九十百千)

1. 九, 十, 百, 千, 구, 십, 백, 천
2. (1) 十 (2) 三十 (3) 五千 (4) 五百
   (5) 十七, 十八, 十九

3 방향과 장소

8. 동서, 남북 (東西, 南北)

1. (1) 동녘·동 (2) 서녘·서 (3) 남녘·남
(4) 북녘·북   2. 東, 西   3. ③

9. 상하, 고저 (上下, 高低)

1. (1) ⓔ   (2) ⓐ   (3) ⓒ   (4) ⓑ
2. (1) 上   (2) 高   (3) 下   3. 低

10. 전후, 좌우 (前後, 左右)

1. (1) 앞·전   (2) 뒤·후
   (3) 왼·좌   (4) 오른·우
2. (1) 後   (2) 左, 右   (3) 前   (4) 後

11. 대소, 장단 (大小, 長短)

1. (1) 큰·대   (2) 작을·소
   (3) 긴·장   (4) 짧을·단
2. (1) 長   (2) 大   (3) 小   (4) 長, 短

4 가족

12. 남녀, 노소 (男女, 老少)

1. (1) 사내·남 (2) 계집·녀 (3) 늙을·로
(4) 젊을·소   2. (5) 男便   (6) 女子
(7) 老人   (8) 少女

13. 부모, 자식 (父母, 子息)

1. (1) 아버지·부   (2) 어머니·모
   (3) 아들·자   (4) 아들·식
2. (1) 母   (2) 父   (3) 消息   (4) 子息
   (5) 父母

14. 형제, 자매 (兄弟, 姉妹)

1. (1) 형·형   (2) 아우·제
   (3) 손윗누이·자   (4) 손아래누이·매
2. (1) 兄弟, 兄弟, 兄弟   (2) 姉妹

15. 부부, 조손 (夫婦, 祖孫)

1. (1) ⓒ   (2) ⓔ   (3) ⓐ   (4) ⓑ
2. (1) 婦   (2) 夫婦   (3) 祖上   (4) 孫女

찾 • 아 • 보 • 기

溫온ᄒᆞᆫ秋츄氣긔ᄂᆞᆫ微미涼냥이라니

歲셰功공이成셩ᄯᆞ언라이니
復복ᄒᆞ야爲위春츈ᄒᆞᄂᆞ니四ᄉᆞ時시ㅣ相샹代
盡진則즉爲위冬동ᄒᆞ고三삼月월이盡
盡진則즉爲위秋츄ᄒᆞ고秋츄三삼月월이盡
月월이盡진則즉爲위夏하ᄒᆞ고夏하三
春츈三삼月

한자능력검정시험 안내

(초등용 8급~4급)

한자능력검정시험이란 정부의 공문서 한자 병용 등 한자 사용 정책이 바뀌어지고, 일선 초·중·고등 학교에서 한자 교육 정책의 강화와 일반 기업체에서의 실무적인 필요성의 증대에 따라서 한자에 대한 이해와 폭넓은 활용 능력을 길러주기 위하여 시행하는 급수별 자격 시험으로 초·중·고등 학교에서 생활 기록부에 반영되고, 공무원·군인 등의 인사 고과에 반영되며, 언론사나 기업체의 입사시나 대입 특기자 전형시 혜택을 받을 수도 있다.

⬤ 검정시험 시행 기관

사단법인 한국한문교육연구원
사단법인 한국서예한자자격협회
사단법인 한국어문회(한국한자능력검정회)

⬤ 시험의 시행 시기

매년 봄과 가을로 나누어 연 2회를 시행함.

⬤ 검정시험 응시 자격

• 학력, 경력, 성별 등 제한이 없음.
• 누구나 실력에 맞는 급수에 응시 가능함.
  (단, 1급은 2급 급수 취득자에 한해서만 가능함.)
• 동시에 여러 급수의 응시는 불가함.

⬤ 원서 접수처 및 문의처

• 사단법인 한국한문교육연구원   : ☎ (02)929-2211, (062)971-4747
• 사단법인 한국서예한자자격협회 : ☎ (031)256-8566
• 사단법인 한국어문회   : ☎ (02)525-4951(대)

검정시험 시행 급수

8급, 7급, 6급Ⅱ, 6급, 5급, 4급Ⅱ, 4급, 3급Ⅱ, 3급, 2급, 1급

유형별 출제 기준

문 제 유 형	8급	7급	6급	5급	4급
배 정 한 자	50자	150자	300자	500자	1,000자
쓰 기 한 자	없음	없음	150자	300자	500자
출 제 문 항 수	50문제	70문제	90문제	100문제	100문제
시 험 시 간	50분	50분	50분	50분	50분
합 격 점 (문 항)	35문제	49문제	63문제	70문제	70문제
독 음	25문제	32문제	33문제	35문제	30문제
훈 음	25문제	30문제	23문제	24문제	22문제
한 자 쓰 기	없음	없음	20문제	20문제	20문제
장 단 음	없음	없음	없음	없음	5문제
반대어(상대어)	없음	3문제	4문제	4문제	3문제
완 성 형	없음	3문제	4문제	5문제	5문제
부 수	없음	없음	없음	없음	3문제
동의어(유의어)	없음	없음	2문제	3문제	3문제
동 음 이 의 어	없음	없음	2문제	3문제	3문제
뜻 풀 이	없음	2문제	2문제	3문제	3문제
약 자	없음	없음	없음	3문제	3문제

원서 접수 준비물 및 수수료

- 반명함판 사진 3매, 검정 수수료 무통장 입금증, 주민등록번호 및 한자 성명과 정확한 주소 명기
- 검정수수료 : ① 8급, 7급, 6급Ⅱ : 8,000원   ② 6급 : 9,000원
  ③ 5급 : 10,000원   ④ 4급Ⅱ, 4급 : 11,000원
  ⑤ 3급Ⅱ, 3급, 2급 : 15,000원   ⑥ 1급 : 35,000원

검정 시험시 준비물 및 합격자 발표

- 준비물:수험표, 신분증, 필기구
- 합격자 발표 : (사)한국한문교육연구원 (http://www.hanjaking.co.kr)
  (사)한국서예한자자격협회 (http://www.hanja.org)
  (사)한국어문회 (http://www.hanja.re.kr)

8급 배정 한자

8급 배정 한자(配定 漢字) 50자. 쓰기 없음.

ㄱ

校(학교 교), 敎(가르칠 교), 九(아홉 구), 國(나라 국), 軍(군사 군), 金(쇠 금, 성 김)

ㄴ

南(남녘 남), 女(계집 녀[여]), 年(해 년)

ㄷ

大(큰 대), 東(동녘 동)

ㄹ

六(여섯 륙[육])

ㅁ

萬(일만 만), 母(어미 모), 木(나무 목), 門(문 문), 民(백성 민)

ㅂ

白(흰 백), 父(아비 부), 北(북녘 북)

ㅅ

四(넉 사), 山(뫼 산), 三(석 삼), 生(날 생), 西(서녘 서), 先(먼저 선), 小(작을 소), 水(물 수), 室(집 실), 十(열 십)

ㅇ

五(다섯 오), 王(임금 왕), 外(밖 외), 月(달 월), 二(두 이), 人(사람 인), 一(한 일), 日(해 일)

ㅈ

長(길 장), 弟(아우 제), 中(가운데 중)

ㅊ

青(푸를 청), 寸(마디 촌), 七(일곱 칠)

ㅌ

土(흙 토)

ㅍ

八(여덟 팔)

ㅎ

學(배울 학), 韓(나라이름 한), 兄(맏 형), 火(불 화)

◆ 엮은이 ─────────────────────────────

홍성식 : 서울교육대학교 부설 초등학 교장

장희구 : 한국한문교육연구원장

임금래 : 노벨과 개미 제품개발팀장

김종욱 : 학문사 편집국 국장

초등**한자와 생활** ①

2013년 2월 5일 인쇄
2013년 2월 10일 발행

엮은이 / 홍성식 장희구 임금래 김종욱
발행인 / 김 주 연
발행처 / **학 문 사**

경기도 고양시 덕양구 화중로 100(화정동) 비전타워21빌딩
전화_(대) 02-738-5118 | 팩스_031-966-8990
신고번호 제300-2005-106호

값 5,200원

© HAKMUN PUBLISHING CO. 2013

ISBN 89-467-9172-5
E-mail: hakmun@hakmun.co.kr
http://www.hakmun.co.kr

溫온고ᄒᆞ秋추긔氣긔놀微미涼량ᄒᆞᆫ니

... 열 삼 에 십 어 길 면 ᄅᆞ ... 의 낫
월 부 월 ... 마 녀 며 밤 ... 이 ...
로 ... 고 봄 에 ... 터 ...

春춘三삼月월이畫진則즉為위夏하ᄒᆞ고夏하三삼月월이畫진則즉為위秋추ᄒᆞ고秋추三삼月월이畫진則즉為위冬동ᄒᆞ고冬동三삼月월이畫진則즉

復복為위春춘이니四ᄉᆞ時지ᅵ相샹代디ᄒᆞᆫ

歲셰功공이成성焉언이라이니